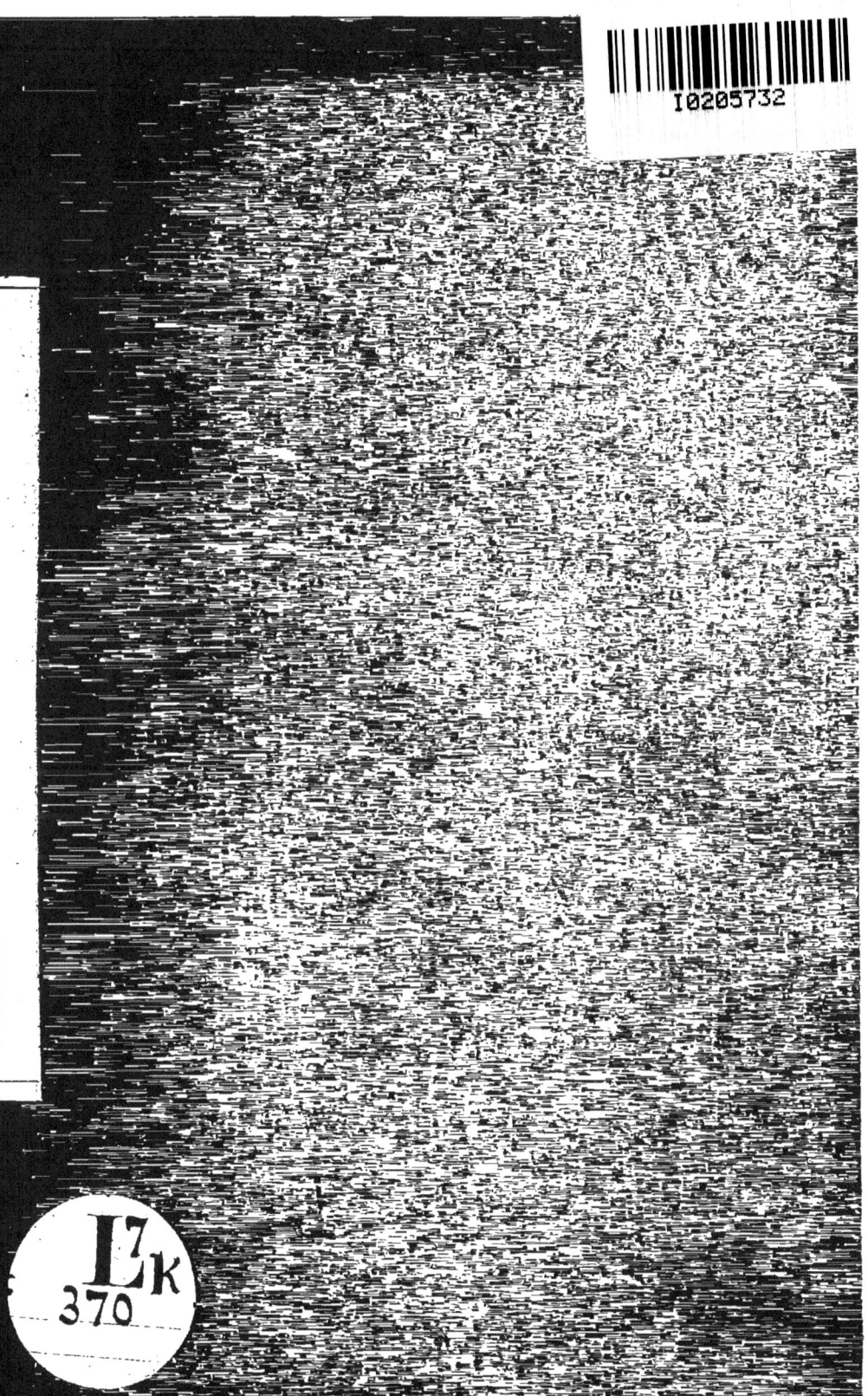

Lh 370.

NOTICE

SUR LE

CHEMIN DE FER

DE

LA TESTE A ARCACHON

PAR

UN ARCACHONNAIS

1ᵉʳ FÉVRIER 1859.

BORDEAUX

TYPOGRAPHIE G. GOUNOUILHOU,
PLACE PUY-PAULIN, 1.

1859

NOTICE

SUR LE

CHEMIN DE FER DE LA TESTE A ARCACHON.

La population Arcachonnaise, dont l'importance augmente de jour en jour, formait depuis longtemps des vœux pour que le chemin de Bordeaux à La Teste fût prolongé jusqu'à son centre. De son côté, la Compagnie des Chemins de fer du Midi, après avoir obtenu le décret de concession du 24 août 1852, qui lui livrait le réseau du Midi, faisait étudier un projet de prolongement du chemin de fer de La Teste.

Trois années s'écoulèrent ainsi, de 1852 à 1855, pendant lesquelles de nombreuses études furent faites et plusieurs projets étudiés et successivement abandonnés. L'un d'eux, enfin, fut soumis aux formalités de l'enquête en 1854. Les vices de ce projet sautaient aux yeux de tous. Néanmoins, l'enquête lui fut favorable, parce que la population, impatiente, songeait bien moins alors à discuter les dispositions d'un tracé qu'à s'assurer l'exécution du chemin, qui ne venait pas assez vite au gré de ses vœux. Il lui fallait un chemin, et un chemin quelconque, dans quelques conditions d'établissement qu'il se trouvât d'ailleurs au point de vue de ses conséquences à venir. Se récrier contre les dispositions du tracé, réclamer des rectifications, c'eût été, — du moins les habitants d'Arcachon le craignaient, — en ajourner l'exécution ; et l'impatience des habitants amnistia les défectuosités du projet.

En toute autre circonstance, il est hors de doute que ce projet, soumis à l'opinion publique, n'eût pas pu traverser les épreuves d'une enquête sans soulever de vives réclamations, car il froissait tous les intérêts locaux ou privés, et foulait aux pieds tous les principes de l'art.

Le tracé, long et sinueux, affectait des courbes d'un rayon de 400 mètres, tandis que la loi sur les chemins de fer n'admet que par exception, et seulement à l'arrivée des gares, des courbes d'un rayon minimum de 500 mètres. Dans les autres cas, les courbes ne peuvent avoir moins de 1,000 mètres de rayon.

Les pentes et les rampes étaient partout portées à 5 millimètres par mètre, ce qui est le maximum des déclivités autorisées, et ne doit exister que dans des conditions de terrain tout à fait particulières.

Le développement général du chemin présentait une longueur totale de 6,000 mètres.

En outre, et au point de vue des intérêts locaux, le tracé supprimait tous les chemins et avenues conduisant dans la forêt; il interceptait toute communication avec le débarcadère; il ne ménageait aucun abord convenable auprès des stations et gare.

Il exigeait, en raison de sa plus grande longueur, l'emploi d'un personnel plus nombreux.

Son exploitation devenait conséquemment plus difficile et plus onéreuse.

Enfin, son entretien était plus coûteux.

En présence d'un projet aussi défectueux, la Compagnie s'était prononcée, et elle n'y avait pas donné suite.

De son côté, M. Deganne, reconnaissant l'impossibilité d'arriver à l'exécution de ce projet, présenta un projet différant essentiellement de celui de l'Ingénieur de la Compagnie, et proposa de l'exécuter.

En octobre 1855, M. Simon, Ingénieur en chef, disposé à poursuivre l'exécution de ce projet auprès de la Compagnie, demandait à M. Deganne de compléter les pièces qu'il lui avait soumises.

Le 26 décembre suivant, M. Deganne signait, à Paris, le traité relatif à l'exécution du projet qu'il avait proposé.

Ce tracé présentait sur celui de la Compagnie des avantages considérables.

Il réduisait de 3,000 mètres sur 6,000, c'est-à-dire de moitié, la longueur du parcours.

Il conservait tous les chemins conduisant à la forêt.

Il ménageait des abords à la gare, très-faciles et très-larges.

Il réduisait sensiblement le personnel.

Il rendait l'exploitation et l'entretien moins coûteux et plus faciles.

L'exécution des travaux, et surtout l'expropriation des terrains, ont établi, en outre des avantages que nous venons d'énumérer, que le tracé de M. Deganne avait réalisé des économies notables. Les terrains seuls auraient coûté, d'après le projet de M. l'Ingénieur de la Compagnie, plus de 1,200,000 fr.

Les habitants d'Arcachon, craignant encore un ajournement pour l'exécution du chemin de fer, chargèrent huit d'entre les principaux propriétaires (Arcachon n'était pas alors érigé en commune) de réclamer auprès du Ministre en faveur de l'exécution du projet présenté par M. Deganne.

Cette réclamation ne fut pas admise par M. le Ministre, qui écrivait, le 9 février 1856, aux propriétaires délégués :

« Messieurs,

» J'ai reçu la lettre que vous m'avez fait l'honneur
» de m'écrire le 1er du courant, et dans laquelle vous
» présentez des observations à l'appui du tracé pro-
» posé en dernier lieu par la Compagnie des Chemins
» de fer du Midi, pour le prolongement jusqu'à Ar-
» cachon de la ligne de Bordeaux à La Teste, tracé
» d'après lequel il ne serait établi qu'une station d'ar-
» rivée, placée au centre du village.

» J'ai l'honneur, Messieurs, de vous informer que
» l'Administration a examiné le tracé dont il s'agit, et
» qu'il ne lui a pas paru susceptible d'être approuvé.
» Recevez, Messieurs, l'assurance de ma parfaite
» considération.

» *Le Ministre de l'Agriculture, du Commerce*
» *et des Travaux publics,*

» Signé : E. ROUHER. »

Cette réponse fut communiquée à M. Deganne, qui avait déjà commencé à mettre la main à l'œuvre et exécutait les terrassements sur l'emplacement de la gare, établie perpendiculairement à la route. Cependant, pour éviter le fâcheux effet qu'aurait produit sur la population la suspension des travaux, M. Deganne, d'accord en cela avec l'Ingénieur de la Compagnie, n'en continua pas moins les terrassements de la ligne.

Dans ce conflit de tracés approuvés et rejetés, et bien que, par suite des conventions passées entre la Compagnie et M. Deganne, les travaux fussent, comme nous venons de le dire, en cours d'exécution, la Compagnie, pour ne pas encourir le blâme de l'Administration, dut cependant soumettre à son approbation le nouveau tracé.

L'Administration, qui avait approuvé le projet de l'Ingénieur de la Compagnie, soumis préalablement aux enquêtes en 1854, voulut bien autoriser une nouvelle enquête en faveur du projet présenté par M. Deganne.

Cette enquête eut lieu du 7 avril au 7 mai 1856, sous la présidence de M. Johnston, membre du Conseil général.

Le rapport de la Commission fut complétement favorable à ce dernier projet.

L'avis du Préfet de la Gironde le fut également.

Fort désormais du résultat de l'enquête et de l'approbation donnée à son projet, M. Deganne, pressé de plus en plus par la Compagnie pour arriver à un prompt achèvement du chemin, déploya dès lors dans ses travaux toute l'activité possible.

Les choses en étaient là, lorsque l'Administration supérieure prescrivit officieusement, d'accord sans doute avec la Compagnie, une modification du tracé à l'arrivée en gare. On se rappelle que le projet de M. Deganne établissait la gare perpendiculairement à la route. L'Administration crut reconnaître dans cette direction un inconvénient pour l'avenir du chemin, et demanda à la Compagnie que la gare fût établie parallèlement à la route.

Cette modification reposait, paraît-il, sur l'éventualité, agitée alors, de prolonger le chemin jusqu'à l'extrémité du bourg d'Arcachon, et peut-être même jusque dans les dunes de l'État.

A part cette rectification, l'Administration

acceptait le tracé de M. Deganne, qui s'exécutait d'ailleurs sous son contrôle.

C'est ainsi que ce dernier tracé, auquel la Commission d'enquête et M. le Préfet de la Gironde étaient également favorables, se substituait, sous les yeux mêmes de l'Administration, au projet de la Compagnie que M. le Ministre lui-même ne craignait pas de battre en brèche en autorisant de nouvelles enquêtes en faveur du projet de M. Deganne.

Le 25 novembre 1856, M. Deganne, d'accord avec M. Bommart, directeur de la construction, fit attaquer la grande tranchée de la Règue-Blanque, et successivement toutes les diverses parties de la ligne.

Les travaux étaient donc en cours d'exécution, lorsque, vers la fin de mars 1857, M. Pereire, accompagné de plusieurs Administrateurs et Ingénieurs de la Compagnie du Midi, vint reconnaître l'état d'avancement des chantiers. M. Deganne, bien que fort des ordres qui lui avaient été donnés de se mettre à l'œuvre, ne s'inquiétait pas moins de l'irrégularité de la situation, que le décret de concession pouvait modifier d'un moment à l'autre, soit en imposant de nouvelles conditions de tracé, soit en modifiant l'importance des travaux à exécuter, qui pourraient dès lors différer considérablement des travaux prévus. Il se plaignit à M. Pereire de la lenteur apportée par la Compagnie dans l'accomplissement des formalités relatives au décret de concession, et le 22 de ce même mois, sans doute sur les démarches de M. Pereire, ce décret paraissait au *Moniteur* avec la date du 4 avril.

M. Deganne, dans la pensée de faire marcher rapidement les travaux, et ainsi que cela se pratique dans les chantiers de travaux publics, avait cédé une partie des terrassements à des ouvriers qu'il avait mis à leur tâche. Ces ouvriers ne répondaient pas aux vues de M. Deganne; ils n'étaient pas en nombre suffisant et marchaient lentement; aussi celui-ci s'empressa-t-il d'augmenter sur les autres chantiers de terrassements le nombre des ouvriers, qui atteignirent bientôt le chiffre de 400.

Dans la situation qui était faite à M. Deganne, c'était de sa part, on le reconnaîtra, un immense sacrifice qu'il s'imposait pour accélérer la marche de son entreprise. Ceci se passait, en effet, à l'époque de l'année où les travaux des champs tiennent les ouvriers éloignés des chantiers, où on ne peut les attirer et les retenir que par l'appât d'un gros salaire. Il fallut subir leurs exigences, afin d'empêcher leur désertion.

Le mode d'exécution des terrassements, qui était d'ailleurs prescrit par la Compagnie, consistait à ouvrir tout d'abord une galerie pour le passage de la machine. Ce passage une fois assuré, les terres, retroussées à plusieurs jets de pelle, devaient être reprises et chargées sur les wagons de terrassements.

Il y avait dans ce genre de travail une sujétion très-grande pour l'entrepreneur, qui était ainsi obligé à des remaniements de terres considérables, qu'il pouvait éviter en procédant de toute autre façon.

Quoi qu'il en soit, l'impulsion donnée dès ce moment aux divers chantiers de la ligne permettait déjà d'espérer que le service des voyageurs serait ouvert pour la saison des bains de mer.

Le 20 juin, en effet, la machine des terrassements franchissait la tranchée et atteignait la gare d'Arcachon, où les rails avaient été posés en même temps que ceux de la ligne.

Quelques jours après, le contrôle vint recevoir les travaux, et enfin, le 26 juillet, la voie était livrée au public.

Ce résultat avait été obtenu par M. Deganne au prix d'efforts et de sacrifices incessants, au moyen desquels il avait pu faire déblayer le cube prodigieux de 300,000 mètres de sable, du commencement d'avril au 20 juillet suivant, c'est-à-dire dans moins de quatre mois.

Après avoir fait ressortir les avantages que comportait, à divers titres, le projet étudié par M. Deganne, nous devons ajouter que son adoption a été due surtout à l'appui que lui a franchement prêté, auprès de l'Administration supérieure, M. l'Ingénieur en chef Simon, qui n'a pas hésité à mettre de côté une question d'amour-propre personnel, en présence des intérêts bien entendus de la Compagnie du Midi. D'autres de ses Ingénieurs se seraient probablement montrés plus difficiles à l'endroit de leurs prérogatives, et auraient peut-être impitoyablement rejeté le projet comme provenant d'une source anormale, et sans se rendre compte de l'économie considérable qu'il réalisait.

M. Simon doit d'ailleurs s'applaudir, aujourd'hui que les résultats ont donné amplement raison à ses actes, de l'immense service qu'il a rendu à la Compagnie; et, pour leur part, les populations intéressées à la prompte construction du chemin d'Arcachon, savent gré à cet habile Ingénieur du concours qu'il a prêté à un projet qui, par les réductions notables de parcours et de travaux qu'il réalisait, ne pouvait que leur donner une plus prompte satisfaction.

M. Bommart, directeur de la construction, pénétrant lui-même tous les avantages du projet de M. Deganne, est venu, à son tour, sanctionner ses dispositions, et n'a pas craint de le couvrir de sa responsabilité en en pressant l'exécution.

Quelle meilleure garantie pouvait-on demander en faveur d'un projet qui avait su réunir le double avantage d'une économie incontestable et d'une rapide exécution?

En résumé, il est certain que si M. Deganne s'était tenu sur l'expectative, et n'avait pris lui-même l'initiative dans cette occasion; s'il n'avait pas élaboré et présenté un projet qui réalisait sur celui de la Compagnie une économie de plus de un million; s'il n'avait pas commencé les travaux avant que les formalités d'approbation et d'enquêtes eussent été remplies, évidemment le chemin de fer d'Arcachon attendrait encore son exécution. L'empressement de M. Deganne, secondé toutefois par les Ingénieurs chargés de la direction des travaux, a eu pour résultat de déterminer l'exécution du chemin dans un moment favorable ; un plus long retard pouvait l'ajourner indéfiniment, car, à partir de ce moment là, on a pu constater dans la marche de la Compagnie un ralentissement que commandaient sans doute des raisons d'ordre ou d'économie, et qui depuis paraissent ne pas lui avoir permis de s'engager dans des opérations de quelque importance.

Aussi, le traité intervenu plus tard entre la Compagnie et M. Deganne se ressent-il des vues prévoyantes ou économiques de la Compagnie, puisqu'il ne comprend que l'exécution proprement dite de la voie, et que ces travaux n'étaient pas encore achevés, qu'elle ajournait la construction des bâtiments de la gare définitive.

Il est donc incontestable que si le chemin de La Teste à Arcachon est en activité depuis bientôt deux ans, c'est à l'initiative de M. Deganne (initiative qui pouvait n'être pas exempte de périls pour lui) que la Compagnie et le pays en sont redevables.

En un mot, si l'on tient compte des difficultés de toute nature qui ont entravé la marche des travaux ; de la défection des sous-traitants de M. Deganne, qui abandonnaient les chantiers, le 14 avril 1857, après avoir exécuté un cube insignifiant ; du prix élevé de la journée à cette époque de l'année ; du délai restreint dans lequel M. Deganne devait mener son entreprise à fin, on sera frappé des résultats prodigieux que peuvent obtenir de nos jours les efforts combinés de l'art et de l'industrie, en matière de Chemins de fer, surtout lorsque ces efforts sont unis à la ferme résolution de satisfaire aux exigences d'une situation difficile.

Arcachon, 1er février 1859.

P. S. Nous apprenons que M. le Ministre des Travaux publics, par sa décision en date du 10 janvier dernier, vient d'approuver l'établissement de la gare d'Arcachon.

Bordeaux. — Imp. G. Gounouilhou, place Puy-Paulin, 1.